AF330847

COMITÉ DE SECOURS

AUX

MILITAIRES FRANÇAIS

BLESSÉS OU PRISONNIERS

COMPTE-RENDU

DES OPÉRATIONS

DU

COMITÉ DE BAR-LE-DUC

1870-1871

BAR-LE-DUC

TYPOGRAPHIE Vᵉ Nᵘᵐᵃ ROLIN, CHUQUET ET Cⁱᵉ.

—

1871

MEMBRES DU COMITÉ

MM.

Président :	Léon NICOLAS .·. manufacturier, 50, rue du Bourg.
Trésorier :	E. MARTIN, — rue Oudinot.
Secrétaire :	P. PLAUCHE, juge au tribunal civil.

HUGUET, maître de postes.
F. GALLOIS, étudiant.
Ch. VAUTRIN, négociant.
Ch. MAYEUR, entrepreneur.
POINCARÉ, ingénieur des ponts et chaussées.
JACQUOT, inspecteur des forêts.
MILLER, avoué.
CHERPITELLE, juge.
CHASTEL, avocat.
PICQUOT, pharmacien.
DEULLIN, négociant.
COULBEAUX, commissaire-priseur.
SALMON, marchand de nouveautés.
GRIVEAU, substitut.
CHAUDET, fondé de pouvoirs du Trésorier-Payeur général.

MEMBRES ADJOINTS

MM.

BROQUETTE, conducteur des ponts et chaussées.
MITHON, fils, employé des ponts et chaussées.
Léonce GOUGET, avocat.
SAINSÈRE, étudiant.

COMPTE-RENDU

présenté le 27 Septembre 1871

PAR

M. Léon NICOLAS, Président du Comité

MESSIEURS,

Avant de vous présenter le compte-rendu des opérations du Comité, permettez-moi de vous remercier de l'honneur que vous m'avez fait en me plaçant à votre tête.

Le concours empressé que vous n'avez cessé de m'accorder a facilité ma tâche et il a maintenu dans nos relations communes l'harmonie qui était nécessaire pour le succès de notre œuvre.

Nous avons ainsi offert l'exemple d'une association libre, se recrutant d'elle-même sans distinction d'opinions et de classes, et groupant dans son sein tous les citoyens qui acceptaient la mission de venir en aide aux victimes de la guerre. Mission difficile, Messieurs, et que nous devons être fiers d'avoir remplie jusqu'au bout, car le spectacle de si grandes infortunes eût lassé nos courages si l'esprit de dévouement et de sacrifice n'eût soutenu notre ardeur.

Les désastres et les calamités qui ont frappé notre chère Patrie ont donné aux sentiments d'humanité l'occasion de se manifester sous bien des formes. Parmi les institutions qu'ils ont fait naître, les *Sociétés de secours* ne sont pas celles qui ont rendu le moins de services; et sans vouloir revendiquer pour le Comité de Bar-le-Duc une trop large part dans l'œuvre générale, il m'est permis de dire que la générosité et l'activité dont il a fait preuve ont produit de féconds résultats.

Sans doute, nous avons été impuissants à secourir tous les malheureux que le sort des combats avait fait tomber entre les mains de nos vainqueurs, mais nous avons réussi du moins à en arracher un grand nombre à la mort et à soulager leurs maux. Nous n'avons épargné ni les fatigues, ni les veilles et nous nous sommes consacrés tout entiers à la tâche que nous avions entreprise. La reconnaissance qui nous a été témoignée a été la récompense de nos efforts et nous conserverons précieusement dans nos archives les nombreuses lettres qui en renferment l'expression.

Cependant si je rappelle ce que nous avons fait, ce n'est point pour en tirer quelque vanité ou quelque orgueil. Nous avons rempli le plus impérieux et le plus sacré des devoirs.

Ces pauvres mutilés qui traversaient notre ville étaient nos frères, les défenseurs de la Patrie. Aurions-nous donc pu assister avec indifférence au spectacle de leurs cruelles tortures?

C'est au contraire avec une joie profonde que nous les avons recueillis dans nos demeures. Au milieu de nous, ils ont trouvé les soins que leur eût refusé l'ennemi et l'affectueuse sympathie qui ranime la confiance... Souvent nous avons eu le bonheur de leur rendre la santé et la force, et après les avoir guéris de leurs blessures, nous leur avons donné le moyen de rejoindre leurs familles inquiètes et désolées.

Le nombre des blessés et des malades qui furent soignés dans nos maisons ou dans celles des personnes charitables qui favorisaient notre œuvre est considérable; mais la plus grande partie furent transportés dans l'ambulance établie au Lycée national.

Avec quel zèle, quelle bonté, quelle touchante sollicitude les sœurs de la Sainte-Famille ont veillé à leur chevet. Vous le savez tous, Messieurs, et je serai votre fidèle interprète en leur rendant en votre nom un public hommage d'admiration et de gratitude.

Malgré tous ces efforts, quelques-uns de nos chers malades ont succombé. Si nous n'avons pu les sauver, nous avons su adoucir l'amertume de leurs derniers instants. Nous nous sommes efforcés, suivant l'exemple du digne aumônier du Lycée, M. Hannion, de remplacer près d'eux la famille absente, et ils sont morts entourés d'un cercle d'amis. C'était pour eux la suprême consolation et il semblait même qu'il leur fût moins douloureux de quitter la vie sur la terre française que de subir les horreurs de la captivité : « J'aime mieux, disait un jour l'un d'eux dans son énergique langage, alors que la perspective effrayante de retomber entre les mains de l'ennemi se présentait à son esprit, j'aime mieux mourir ici, en France, que d'aller pourrir dans les prisons prussiennes ! »

Aussi quelle fut la joie de ceux qui échappaient à la mort, lorsque dans les derniers mois de la guerre, l'autorité allemande nous autorisa à conserver à Bar tous les convalescents. Deux fois par semaine, j'eus le plaisir de les réunir chez moi et de leur distribuer en votre nom ce qui leur était nécessaire en vêtements et en médicaments. Je leur fis même une petite solde, double de celle qu'ils recevaient au régiment, et quand après la paix ils durent se rendre à Lunéville, M. E. Martin, notre trésorier, leur remit encore un secours de route de 4, 5 ou 6 fr., suivant leurs besoins.

Mais quelque tristes que soient les émotions que nous ayons éprouvées auprès des blessés et des malades, nous avons eu à supporter de plus terribles épreuves. Le Comité avait organisé à la gare un service permanent, et nous distribuions aux prisonniers qu'on emmenait en Allemagne des effets, de l'argent et des vivres.

Le jour, la nuit, pendant les longues nuits d'hiver, nous étions sur les quais, attendant l'arrivée des trains. Quel spectacle lamentable s'offrait alors à nos yeux ! Vous souvient-il de ces malheureux entassés sur des wagons plats et exposés à toutes les rigueurs d'un froid sans exemple. A demi-nus, à moitié gelés, la neige semblait les recouvrir d'un linceul. Ils tournaient vers nous des regards suppliants et avaient à peine la force de nous tendre les bras. Quelle n'était pas alors notre douleur lorsque l'insuffisance de nos ressources ne nous permettait point de les secourir tous et que nous demeurions les spectateurs impuissants de si grands maux.

Mais j'ai tort peut-être de rappeler de si poignants souvenirs, et plutôt que de retracer ces scènes horribles, j'aime mieux dire quels ont été les bienfaits de notre association.

Notre sollicitude suivait les prisonniers jusque dans les forteresses allemandes, où ils enduraient de si dures privations. Au mois de janvier on nous avertit que la plupart des lettres chargées qui leur étaient envoyées ne leur parvenaient pas. Nous nous mîmes aussitôt en relation avec le Comité de Bruxelles, et son président, M. le comte de Mérode, nous indiqua le moyen d'assurer le service de nos correspondances. Par l'entremise du trésorier de ce Comité, M. le baron Arthur de Rothschild, nous pûmes établir un service spécial de poste, et depuis ce moment 366 lettres chargées renfermant 5,227 fr. 05 c. ont pu être transmises à nos compatriotes. Afin de permettre aux familles d'adresser des sommes plus fortes à leurs enfants, nos envois ont été faits gratis. Nous avons eu la satisfaction d'apprendre que toutes nos lettres sont arrivées à destination dans un délai de quatre à cinq jours et qu'aucune n'a été égarée.

Enfin, lorsqu'après la signature de la paix, les prisonniers rentrèrent en France — dans quel dénûment, vous le savez — nous utilisâmes le reste de nos ressources en leur distribuant des vêtements, et même nous servîmes à ceux qui ne pouvaient pas travailler une pension de 0,75 c. à 1 fr. par jour.

Tels ont été les actes principaux de notre Comité.

Mais après avoir donné nos soins aux blessés et nos offrandes aux prisonniers, nous avons voulu honorer ceux qui étaient morts pour la Patrie. Déjà nous leur avions rendu les derniers devoirs. Nous avions recueilli ce qui leur avait appartenu et nous avions pu remettre aux familles des cheveux, des lettres, toutes ces pieuses reliques qui leur rappellent ceux qu'elles ont perdus. Notre tâche n'était pas encore terminée.

Nous avons voulu que sur le sol qui recouvre leurs dépouilles s'élevât un tombeau qui perpétuât leur souvenir, et nous avons gravé leurs noms sur la pierre à côté de ceux des enfants de la Meuse qui sont tombés loin de nous. Comme ils avaient partagé les mêmes périls et la même gloire ils étaient dignes des mêmes hommages.

L'inauguration du monument funèbre, symbôle de regrets et d'espérance, que nous devons à l'habile ciseau de M. Cavénéget, a eu lieu ces jours derniers. Je n'ai point à vous parler de cette imposante solennité; vous savez avec quel empressement le clergé de toutes les paroisses de Bar nous prêta son concours; vous avez entendu les chants funèbres exécutés avec tant d'âme par l'*Orphéon*, l'*Harmonie militaire* et la *Fanfare barisienne*; vous avez vu cette foule immense, émue et recueillie, nous faisant cortége, et les nobles et patriotiques paroles que prononcèrent le Préfet du département et le Maire de la ville sont gravées dans tous les cœurs.

J'ai tenu, Messieurs, à vous présenter le résumé des opérations de notre Société, car nous en devons compte aux personnes qui ont contribué à notre œuvre et au public qui nous a soutenus de ses sympathies. Si la charité privée doit être discrète, la bienfaisance collective doit appeler le jour sur ses actes. La publicité est en effet la garantie de ceux qui donnent, la sauvegarde de ceux qui reçoivent ; elle est la sanction de la gestion des intermédiaires chargés de faire un emploi intelligent et sage des deniers communs.

C'était aussi pour nous un devoir de remercier tous ceux qui nous ont soutenus, et ils sont nombreux, car dans nos patriotiques contrées un appel à la générosité ne pouvait rester stérile. Plusieurs communes de la Meuse, malgré les souffrances de tous genres qu'elles avaient à supporter, nous ont prêté un concours actif. Elles n'étaient pas stimulées comme nous par la vue des misères dont j'essayais tout-à-l'heure de vous tracer le tableau, et cependant elles ont répondu à notre appel avec le plus louable empressement.

Nous avons reçu, sans les avoir provoqués, de nombreux envois de la Haute-Marne.

MM. les abbés de Hédouville et Gossin avaient organisé dans ce département un petit Comité qui, en fusionnant avec le nôtre, nous a été d'un utile secours.

Je crois être l'interprète de vos sentiments en exprimant notre vive gratitude à ces Messieurs, à M. le curé de Vionville, qui a passé bien des journées à recueillir les dons qu'il nous a fait parvenir, et aux dames de Bar qui nous ont rendu un si grand service en transformant avec une rare habileté en objets utiles les dons en nature qui n'auraient pu nous servir, et en assistant les membres du Comité dans les distributions de jour et de nuit.

Enfin permettez-moi d'ajouter en terminant que nous garderons un précieux souvenir des services que nous a rendus le peuple belge. Par sa fraternelle hospitalité, par sa générosité envers nos soldats, il a mérité la reconnaissance de la France et les sympathies de l'univers ; il nous a donné ainsi l'exemple de ces mâles vertus qu'engendrent les institutions libres et dont la République assurera prochainement chez nous le développement fécond.

ANNEXES

ANNEXE I

—⁓—

RECETTES EN ARGENT

Reçu de la commune de Véel 74ᶠ 40ᶜ
   —   Cousances 57 15
   —   Longeville 178 90
   —   Laheycourt. .... 200 »
   —   Noyers .... 100 »
   —   Joinville .... 50 »
   —   Varney 128 30
   —   Rosières .... 29 »
   —   Behonne .... 12 »
   —   Brauvilliers .... 12 »
   —   Ancerville 67 55
   —   Géry 46 75
   —   Culey .... 40 »
   —   Loisey 80 50
   —   Bislée .... 29 »
   —   Villers-aux-Vents .... 160 »
   —   Chardogne .... 34 »
   —   Louppy le-Petit 72 45
   —   Ambly. 94 85
   —   Sommelonne 25 50
   —   Baudrémont .... 69 »
   —   Stainville .... 100 »
   —   Tronville 53 50

A reporter 1 714 85

	Report	1.714ᶠ85ᶜ
Reçu de la Commune de Brillon		126·55
—	Cousancelles	51 85
—	Contrisson	18 75
—	Velaines	40 »
—	Bussy-la-Côte	55 35
—	Louppy-le-Château	117 30
—	Villotte-devant-Saint-Mihiel	54 50
—	Voinville	212 »
—	Buxières	37 20
—	Xivray	30 »
—	Apremont	100 »
—	Loupmont	185 90
—	Rouvrois-sur-Meuse	60 ʼ»
—	Lignières	20 »
—	Triaucourt	22 50
—	Rambercourt-aux-Pots	20 »
—	Rupt-aux-Nonnains	82 25
—	Saint-Amand	58 10
—	Fouchères	52 »
—	Lisle-en-Barrois	17 »
—	Chauvoncourt	55 05
—	Seraucourt	5 70
—	Rumont	62 »
—	Ligny	
—	Vilotte-devant-Louppy	51 75
—	Foucaucourt	
—	Saudrupt	62 90
—	Génicourt	2 »
—	Etain	190 50
—	Longeville (2ᵉ versement)	5 05
	A reporter	3.511 05

	Report	3.511ᶠ	05ᶜ
Reçu de la commune de Sampigny ...		200	»
—	Troyon ...	20	»
—	Mussey ...	10	»
—	Nettancourt ...	100	»
—	Cousances-aux-Bois ...	15	»
—	Souilly ...	40	»
—	Maizey ...	8	75
—	Dompcevrin ...	53	35
—	Bar-le-Duc (la ville) ...	500	»
—	Sommeilles ...	200	»
—	Guerpont ...	38	50
—	Mussey ...	27	65
—	Viéville ...	14	»
—	Dammarie ...	42	95
—	Hattonville ...	35	»
	Total ...	4.816	25

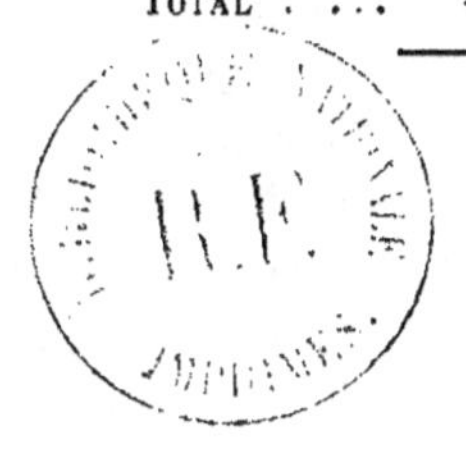

ARGENT REMIS AU COMITÉ

Provenant de Listes de Souscriptions

Liste du Cercle Barisien (1re souscription).		228f »c
— — (2e —)		123 75
— de Mmes Brouchot et Poincaré.		137 50
— — —		273 50
— de MM. Martin et Gallois		278 30
— — Deullin et Jacquot		310 45
— — Picquot et Vautrin		203 70
— — Coulbeaux et Miller		200 45
— — Coulbeaux et Poincaré		31 75
— — Brouchot et Poincaré		40 05
— — Miller et Jacquot		19 85
— — Picquot		112 »
— — Griveau et Poincaré		113 30
— — Plauche		465 25
— — Deullin et Jacquot		213 05
— — Comité de la Haute-Marne		230 85
— — Léger frères (d'un ancien Comité)		50 »
— — Cherpitelle		214 10
	Total	3 245 85

RECETTES DIVERSES

Détaillées au livre de Caisse du Comité

Des Huissiers de l'arrondissement..................	100ᶠ	»ᶜ
De M le Maire de Bar (don d'un anonyme)	20	»
Quête faite par Mᵐᵉ Charles Bompard...................	156	75
— Mᵐᵉ Ed. Develle..	206	35
Rentrée de bons poste ....‗.......	20	»
De l'Évêché de Verdun.............	115	»
De divers..	1 322	20
TOTAL	1.940	30

PRODUIT DE LA VENTE

DE DIVERS OBJETS

Dont on ne pouvait tirer parti, ou qui ont été revendus avec bénéfice

Vente d'une paire de botte à **M** Wilmann... . . .. 5 »

— de deux paquets de tabac............ ... . 1 »

— de chaussettes à **M. Hannotin**, pour être distribuées
   aux prisonniers .... 18 »

— d'un mauvais soulier ... . » 60

— de papiers à cigarettes......... .... 1 »

— de rognures de vieux effets... • 2 50

— de cuillères............................... » 65

— de chaussons et sabots à **M. Roger**. 380 25

— de cigares.... .... 10 »

— de chiffons et rognures d'étoffes......... .. . ... 16 »

— de divers objets... .. .. 23 45

— de vieux draps, vieux effets, bandes, compresses,
   etc., etc., cédés à la fin des opérations du
   Comité, à la *Société maternelle*.. .... 350 »

TOTAL.... . 808 45

TOTAL GÉNÉRAL

Des recettes en argent

1°. — Souscriptions des villes et campagnes.......... ..	4.816	25
2°. — — recueillies par listes............. ...	3.245	85
3°. — — diverses..	1 940	30
4°. — Produit des ventes.................	808	45
Total......	10.810	85

ANNEXE II

DÉPENSES

Payé une facture à MM. Léger frères........	144^f »^{c}
—	Guillaume.	113 »
—	Simonet fils...	59 »
—	Simonet fils...	74 »
—	Magron et Deullin.	17 45
—	Joly-Jacquet.....	229 20
—	Goudon.	6 »
—	Lalin...	7 »
—	Martin frères.......	19 55
—	Joly-Jacquet................	380 30
—	Boude........	55 »
—	Médernack	6 50
—	Verrier-Legand	5 »
—	P. Harpin............	27 80
—	Colson	39 »
—	Frelin..	25 80
—	Munerel............	11 25
—	Lapique....................	50 »
—	Joly-Jacquet..	219 25
—	Charles Mergez..	12 10
—	Hurault.......	4 80
—	Frelin....................	11 10
—	Petitjean, de Ligny...	279 35

A reporter 1.796 45

	Report	1.796	45
Payé une facture à MM. Médernack..................		6	90
— Simonet fils..........		257	40
— Lesure		2	55
— Lalin.....		9	45
— Joly-Jacquet		57	20
— Lalin........		4	20
— Lapique		50	»
— Colson		8	»
— Charles Mergez......... ...		»	55
— Joly-Jacquet............. .. ·.		45	»
— Numa Rolin, Chuquet et Cᵉ....		30	»
— L. Nicolas		75	75
— Dupont........		2	25
— Ch. Lapique (2 factures)......		250	»
— Hurault..........		30	60
— Petitjean (2 factures)....... ..		394	75
— Bala		17	20
— Hurault.................. .		12	»
— Lalin.................		4	95
— Ch. Lapique.............		20	»
— Magron et Deullin		383	05
— Vᵉ Gallois-Martin et E. Martin..		39	25
— Lalin....................		8	50
— Fleury		7	»
— Joly-Jacquet.....		125	60
— L. Nicolas.................		158	75
— Joly-Jacquet......		57	20
— Médernack................ ·		8	»
— Petitjean....		392	»
— D'une coupeuse........... .		26	»

A reporter...... 4.280 55

		Report......	4 280ᶠ 55ᶜ
Payé une facture à MM.	Lalin.......		7 45
—	Legardeur		2 »
—	Dupont........		1 85
—	Joly-Jacquet		168 85
—	Hurault............		33 »
—	Dᴵˡᵉ Clinchaut		7 »
—	Joly-Jacquet (2 factures)..... .		168 60
—	L Nicolas......		324 70
—	Duval-Chaupin		39 »
—	Drouin ....···		198 55
—	Petitjean...........		502 50
—	Souilly, pour sabots		81 50
—	Joly-Jacquet........ .:.....		93 25
—	Ch. Vautrin.....		10 35
—	Joly-Jacquet...		48 95
—	Hurault...... ....···		32 30
—	Lesure..		2 »
—	Médernack		8 »
—	Marcus....		202 »
—	Numa Rolin, Chuquet et Cᵉ....		8 50
—	J. Vignères		4 80
—	Joly-Jacquet......		16 »
—	Comte-Jacquet		35 »
—	Marcus		196 25
—	Lalin.....		14 80
—	Médernack.................		5 »
—	Goudon....................		100 »
—	Boinette........		6 »
—	Léon Jonas.................		31 50
—	Roger		7 50

A r. porter 6 637 75

	Report	6 637 75
Payé une facture à MM. Charles Mergez........		9 35
— Picquot....		11 75
— Hurault........		49 80
— Thiel.....................		100 80
— Ch. Lapique.....		6 25
— Boinette		22 »
— Legardeur.		7 50
	TOTAL	6 845 20

MENUES DÉPENSES

détaillées au Livre de caisse.

Achat de tabac......	67 50
— souliers pour deux militaires........	14 »
— drogues diverses	2 20
— vivres distribués à la gare.........	55 »
— papier à cigarettes....	4 80
— bougie.........	1 40
— cuir.	5 »
— cloûs.....	1 40
— cuillères.....	3 25
— papier, enveloppes, etc......... ..	5 45
Blanchissage de linge.....	6 »
TOTAL .... 166 »	166 »
A reporter... .	7 011 20

SUITE DES DÉPENSES

—

Report	7.011	20
Payé à un jeune homme chargé de prévenir les Membres du Comité de service à l'arrivée des trains	49	50
Dépenses pour le service spécial des postes organisé par le Comité avec le Comité belge	233	85
Secours en argent versés aux soldats dans les ambulances, à leur départ, pendant leur séjour à Bar et aux prisonniers de passage	1.712	»
Pensions servies à des soldats blessés et rentrés dans leurs foyers	503	»
Erection du monument élevé à la mémoire des Enfants de la Meuse morts pour la Patrie et des soldats français morts dans les ambulances de Bar-le-Duc	863	30
Total.	10.372	85

SITUATION

au 27 septembre 1871

Les recettes en argent se montant à.... .... 10 810 85

Les dépenses se montant à 10 372 85
La *Société maternelle* redevant.......   350 » } 10 810 85
L'encaisse étant de.. ....   88 »

   Il reste en avoir. ....   438 »

ANNEXE III

NOMENCLATURE & ESTIMATION

DES DONS EN NATURE

qui ont été reçus ou achetés et distribués par le Comité.

DÉSIGNATION DES OBJETS.	NOMBRES.	ESTIMATIONS.	SOMMES.
		F. C.	F. C.
Chemises.	4,276	3 50	14,966 »
Cache-nez.	2,731	1 »	2,731 »
Mouchoirs.	621	» 50	310 50
Vestes	47	3 »	141 »
Tricots de laine ou coton.	702	3 50	2,457 »
Gilets.	472	1 »	472 »
Paletots.	57	10 »	570 »
Pantalons.	732	4 »	2,928 »
Paires de Chaussons.	6,008	» 70	4,205 60
— Sabots.	1,469	» 60	881 40
— Souliers.	120	2 »	240 »
— Gants.	94	» 50	47 »
— Moufles.	1,516	» 70	1,061 20
— Manchettes.	251	» 30	75 30
— Cache-oreilles.	1,498	» 30	449 40
— Guêtres.	41	1 50	61 50
Caleçons.	545	2 »	1,090 »
Ceintures de laine.	64	1 50	96 »
Couvertures.	8	5 »	40 »
Bonnets de coton.	182	» 50	91 »
Litres d'eau-de-vie.	141	1 »	141 »
— de vin	450	» 25	112 50
Kilogs de tabac.	741	2 »	1,482 »
Cahiers de papier à cigarett.	1,115	» 02	22 30
Kilogs d'allumettes.	10	1 10	11 »
— de pain.	462	» 40	184 80
— de viande cuite.	8	1 50	12 »
— de chocolat.	3 250	3 »	9 75
— de réglisse.	11	2 »	22 »
Cigares.	3,299	» 05	164 95
Cuillères.	72	» 10	7 20
Total			35.083 40

ANNEXE IV

SERVICE MÉDICAL

Les soins les plus empressés ont été prodigués gratuitement à tous nos malades par les docteurs MICHEL, BAILLOT, NÈVE et THIERRY.

Le Comité est heureux de pouvoir donner un témoignage bien sincère de reconnaissance à ces Messieurs.

PHARMACIE

Les sommes que nous avons eu à payer pour les médicaments sont minimes. Dès les premiers jours, un pharmacien de Bar-le-Duc avait offert au Comité de fournir gratuitement tous les médicaments nécessaires à nos malades. Nous avons pu ainsi donner tout ce qui était demandé par les médecins et par les sœurs des ambulances en ne dépensant que fort peu d'argent.

La Société internationale de Bruxelles nous est venue en aide par l'envoi de quelques substances que l'on ne pouvait plus se procurer dans nos pays, et les personnes qui avaient recueilli des blessés ont toujours voulu fournir tout ce qui leur était nécessaire.

Les habitants de Bar ont fourni avec empressement toutes les douceurs qui pouvaient être données aux malades, telles que raisins, fruits, conserves, vins fins, etc., etc.

AMBULANCES

Des salles spéciales avaient été réservées au Lycée pour nos compatriotes. Trop souvent, cependant, on ne put éviter de leur donner des lits dans les salles des malades allemands.

Un grand nombre de blessés furent traités dans des maisons particulières :

Mlle CLINCHANT a toujours eu chez elle une moyenne de.......		6	blessés.
MM. SUHAUX aîné	—	2	—
BONNE, avoué	—	2	—
E. MARTIN-BRIOT	—	2	—
L. MONARD, à Guerpont	—	2	—
POPULUS jeune	—	2	—
CHERPITELLE	—	2	—
LÉON NICOLAS	—	10	—
CHARLES BOMPARD	—	2	—
Mme FÉLIX GILLON	—	2	—

Aussitôt qu'un militaire était guéri, il était renvoyé dans ses foyers aux frais du Comité et remplacé par un autre dans ces maisons hospitalières.

Deux de nos blessés ont, pendant leur convalescence, été atteints de la petite vérole. Les nobles cœurs qui les avaient recueillis n'ont pas voulu s'en séparer et ont bravé l'épidémie en leur continuant leurs soins.

Après la capitulation de Metz, le Comité conserva pendant plusieurs mois des soldats grièvement blessés qui n'auraient pu continuer leur voyage ou qui n'auraient pu recevoir dans leurs villages les soins nécessaires. Ce service occasionna peu de dépenses, la ville de Bar ayant pris leur nourriture et leur logement à sa charge. La ville en fit autant pour tous les convalescents que nous avions obtenu de conserver sous notre responsabilité pour leur éviter d'être envoyés en Allemagne.

LOGEMENT

Lorsque nous avons dû installer à la gare un service permanent, nous nous sommes vus à la veille d'être forcés de faire construire un abri qui pût nous permettre d'attendre les trains pendant la nuit et d'y loger nos approvisionnements en vivres, chaussures, vêtements, etc.

Cette grande dépense nous a été évitée par M. Follet, préposé en chef des octrois de Bar-le-Duc, qui s'est privé de son bureau en notre faveur pendant plusieurs mois, et par M. Denis, employé du même octroi, qui, non content de mettre sa maison à notre disposition nuit et jour, nous a puissamment aidés dans nos distributions avec son épouse.

Nous conserverons bien précieusement le souvenir des bontés de Mme Denis pour nos prisonniers et de l'ardeur incomparable qu'elle a mis à nous aider.

POSTES

Du 27 janvier au 22 mars, le Comité a fait parvenir 366 lettres chargées contenant 5,227 fr. 05 c.

Toutes ces lettres, sans exception, sont parvenues aux destinataires, *sans aucun frais*, et dans un délai moyen de quatre à cinq jours.

Parmi les prisonniers qui traversaient la ville, quelques-uns avaient des mandats sur la poste qu'ils ne pouvaient toucher. Leur misère était telle qu'ils offraient des mandats de 10, 15 et 25 fr. pour un morceau de pain ou pour quelques sous.

Aussitôt que le Comité s'aperçut de ce fait il décida que ces bons seraient échangés contre la valeur réelle en espèces sans aucune retenue.

L'administration des postes, dès son rétablissement, prêta son utile concours à cette opération et rendit ainsi un grand service à nos pauvres prisonniers.

LIEUX D'INTERNEMENT

où le Comité a étendu son action en servant d'intermédiaire entre les Prisonniers de guerre et leurs Familles pour les Correspondances et Envois d'argent.

Nos D'ORDRE.	LIEUX D'INTERNEMENT.	Nos D'ORDRE.	LIEUX D'INTERNEMENT.
	ALLEMAGNE.	27	GLATZ.
1	WESEL.	28	RENDSBURG.
2	GLOGAU.	29	REMBERG.
3	GROS-GLOGAU.	30	LINGEN.
4	KŒNIGSBERG.	31	ASCHERSLEBEN.
5	ERFURT.	32	EMMELN.
6	COERTIN.	33	STRALSUND.
7	COSLIN.	34	MURI.
8	TORGAU.	35	ULM.
9	NEISSE.	36	ALDEMBURG.
10	BOCKUM.	37	AARAU.
11	SPANDAU (Camp de).	38	CASSEL.
12	FRANCFORT-SUR-L'ODER.	39	ANSBACH.
13	OPPELN.	40	PAPENBURG.
14	STADE.	41	WARNOW.
15	DRESDE.	42	FREISSING.
16	SULICH.	43	OLDENBURG.
17	UEBIGAU.	44	NEU-STRELITZ.
18	HANOVRE.	45	CHAUCHINFER.
19	COSEL.	46	SCHWEIDNITZ.
20	UELZEN.	47	WIESBADEN.
21	ALT-DAMM.	48	BRESLAU.
22	COSWIG.	49	RATSBOR.
23	LUDWIGSBURG.	50	CARTHAUSE (Camp de)
24	WANH (Camp de).	51	ASPERG.
25	STETTIN.	52	HANEKENFER.
26	VILLVISHEM.	53	AUGSBOURG.

Nos D'ORDRE.	LIEUX D'INTERNEMENT.	Nos D'ORDRE.	LIEUX D'INTERNEMENT.
54	GERMERSHEIM		**BELGIQUE.**
55	COLOGNE.	77	BRUXELLES.
56	MINDEN.	78	VIRTON.
57	SCHLESWIG.	79	ANVERS.
58	PARCHIM.		
59	DVERDEN.		**SUISSE.**
60	MAYENCE.		
61	MAGDEBOURG.	80	ZURICH.
62	COBLENTZ.	81	EINSIDELN.
63	WITEMBERG.		
64	DEUTZ.		**FRANCE.**
65	MUNICH.	82	PARIS.
66	DILLENGEN.	83	REIMS.
67	KRÉCKOW.	84	LILLE.
68	POSEN.	85	MULHOUSE.
69	ZUTERBORG.	86	LIMOGES.
70	DANTZIG.	87	VANNES.
71	RASTADT.	88	LA TOUCHE.
72	LOCKSTEDERHUDE (Camp de).	89	MAUGE.
73	FREUSVEGEN (Couvent de).	90	FOIX.
74	TAPIAU.	91	MILLY.
75	HARNINGEN.	92	NANTES.
76	LOCKSTOCTER (Camp de).	93	METZ.

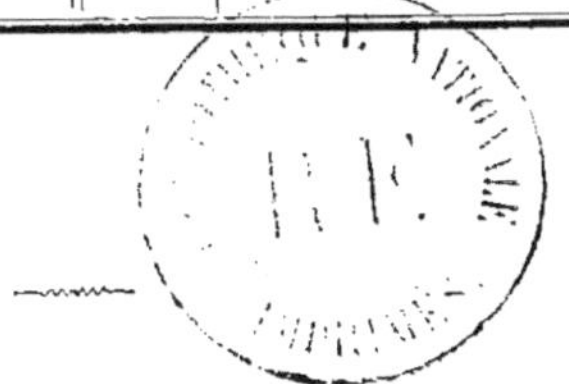

www.ingramcontent.com/pod-product-compliance
Lightning Source LLC
LaVergne TN
LVHW022248030726
842520LV00009B/1594